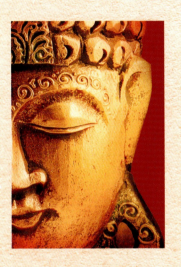

RUEDIGER SCHACHE

Ein Kurs in Gegenwärtigkeit und Liebe

arkana

Liebe Leserin, lieber Leser,

Gegenwärtigkeit • Bewusstheit über das, was in einem bestimmten Augenblick gerade wirklich geschieht, ist ein großer Schatz für ein erfülltes und sich selbst vertrauendes Leben. Denn im Zustand von Bewusstheit wird nicht ein Ereignis oder ein anderer Mensch über Sie entscheiden. Ganz im Gegenteil. Sie selbst entscheiden in jedem Moment darüber, wie Sie mit dem Ereignis oder mit dem Menschen umgehen. So werden Sie zu einem aktiven Gestalter, zu einer aktiven Gestalterin Ihres ganz persönlichen inneren Glücks.

Dazu braucht es Vertrauen, und das wird immer weiter wachsen, wenn man keine Angst mehr hat. Wenn man eine innere Gewissheit verspürt. Wenn einem das, was geschieht, keine wirklichen Rätsel aufgibt. Je mehr Sie sich also daran erinnern, wie die Dinge eigentlich sind – denn in Wahrheit wissen Sie es tief in Ihrem Herzen schon –, umso

Liebe • Ein Zustand ohne Angst, in Einheit mit sich selbst und dem Leben. Weil man sich erinnert, wie es ist und dass letztlich nichts wirklich falsch ist. Liebe entsteht als eine Folge von Annehmen. Liebe ist: sich selbst und das Leben umarmen, weil man versteht und sich an den Sinn erinnert. An das letztlich auch Gute in allem.

mehr wird auch Ihr Unterbewusstsein Ihnen, Ihrem Leben und sich selbst vertrauen. Und daraus erwächst der nächste gute innere Zustand, nach dem sich viele sehnen:

- Ihre Gegenwärtigkeit sorgt dafür, dass Sie eine Wahl haben.
- Ihr Vertrauen sorgt dafür, dass Sie die Kraft haben, Ihre Wahl umzusetzen.
- Ihre Liebe sorgt dafür, dass Sie dabei Erfüllung und Sinn spüren.

Ein Kurs. Ihr Bewusstsein und Ihr Unterbewusstsein reagieren auf viel Wissen in wenig Zeit mit »Merkenwollen«. Auf eine überschaubare und stetig nachkommende Menge an Wissen hingegen reagiert Ihr Bewusstsein mit Entspannung und Verstehen.

Deshalb liest man Dinge, die einen unterhalten sollen, gerne zügig und Dinge, die etwas verändern sollen, immer wieder oder über längere Zeit. Dieser »Kurs in Gegenwärtigkeit und Liebe« nützt Ihnen besonders gut, wenn Sie Ihrem Durst nach Wissen und Verstehen den Gedanken »Ich habe Zeit« hinzufügen.

Nicht das Lesen alleine verändert etwas, sondern das Wirkenlassen. Wie ein täglicher Klang, der am Morgen einmal angeschlagen wird und bis zum Abend in Ihnen nachklingt. Und dann am späten Abend noch einmal, sodass Sie das Echo mit in den Schlaf nehmen können.

Wenn Sie jeden Tag einen Ton aus dieser Melodie des Jetzt in sich hören, werden Sie am Ende die vollständige Komposition eines neuen Bewusstseins für Ihr Leben in sich tragen.

Und weil das, was Sie selbst sind, nach außen hin wirkt und Ihre Realität und Ihre Beziehungen formt, wird sich Ihr Leben mit jedem Erkenntnisschritt und jeder Erinnerung an Lebenswahrheiten spürbar positiv verändern. Und Vertrauen und Liebe können wachsen.

Viele gute Erlebnisse, Schönheit und Freude auf diesem Weg!

Ruediger Schache

Über das Selbstvertrauen

Manchmal ist man traurig, weil man einer Sehnsucht nicht näherkommt. Man denkt vielleicht: »Ich brauche für diese Sache mehr Selbstvertrauen. Ich brauche mehr Wissen, mehr Kraft, mehr Zeit. So vieles fehlt mir noch, deshalb komme ich nicht voran.« Doch das sind nur Gedanken, die immer einen Mangel sehen. Die dir eine falsche Geschichte über dich selbst erzählen wollen.

- *In Wahrheit brauchst du kein Selbstvertrauen.*
  Du brauchst nur eine Sehnsucht.
- *Du brauchst keinen Plan.*
  Du brauchst nur einen ersten Schritt.
- *Du brauchst kein Allwissen.*
  Du brauchst nur einen nächsten Schritt.
- *Du brauchst keine Motivation.*
  Du brauchst nur ein Bekenntnis.
- *Du brauchst kein Ziel.*
  Du brauchst nur eine Richtung.
- *Du brauchst keine Zeit.*
  Du brauchst nur das Jetzt.
- *Du brauchst keine Sicherheit.* **Du brauchst nur die Erinnerung an deinen Herzenswunsch.**

Irgendwann wirst du dein Ziel erreicht haben. Dann stellst du vielleicht fest: »Ich brauche nicht einmal mehr das Ergebnis. Denn ich bin den ganzen Weg gegangen. Aus eigener Kraft. Und das hat mich größer gemacht, als ich es mir je hätte wünschen können.« All dies geht ganz ohne Selbstvertrauen. Und all dies wird am Ende zu dem, was du glaubtest nicht zu haben: Selbstvertrauen.

 Erinnere dich:

Für das Leben ist jede Bewegung besser als dauerhafter Stillstand.

 Frage dich:

»Wo erlebe ich mich als zögernd oder unerfüllt?« Da ist dein größtes Potenzial für einen ersten Schritt.

Wenn du wüsstest, was du alles gar nicht brauchst, hättest du vielleicht schon lange

angefangen zu handeln.

Den Weg der Einfachheit entdecken

Eine Aufgabe des Verstandes ist es, das Leben gedanklich unter Kontrolle zu halten. Um Risiken vorherzusehen und Entscheidungen zu treffen. Wenn das Leben kompliziert wird, gelingt ihm das nicht mehr, und es entsteht Stress, oft dauerhaft.

Dann liegt die Lösung nicht darin, mehr nachzudenken, sondern darin, weniger nachzudenken. Dennoch braucht man eine Führung für den nächsten Schritt. Und hier kommt die Meditation ins Spiel.

Wenn dein Leben kompliziert oder unwägbar wird, ersetze das Nachdenken zunehmend durch Meditation. Meditation ist einfach nur die besonders feine Wahrnehmung dessen, wie es für dich jetzt gerade ist. Und das geht immer und überall.

Frage dich: »Was nehme ich gerade wahr? Wie fühle ich mich?« Das genügt für das Hier und Jetzt. Und dann frage dich: »Wie fühle ich mich, wenn ich an diese oder jene Alternative für die Zukunft denke?« In diesem einfachen inneren Zustand kannst du Fragen stellen und Antworten erhalten. Frage dein Herz, deine Seele oder eben das, was für dich das Höchste ist.

- *Beschränke deine Fragen auf das Hier und Jetzt.*
- *Beschränke dein Interesse auf dich selbst.*
- *Beschränke die Antwortmöglichkeiten auf Ja oder Nein.*
- *Und vertraue.*

So findest du den bestmöglichen nächsten Schritt.

 Erinnere dich:

Mehr als einen guten Schritt brauchst du gerade nicht.

 Frage dich:

»Wenn es nicht um das Ziel ginge, sondern nur um eine nächste gute Handlung – wie wäre die?«

Das Jetzt ist, wie es ist.

Im Jetzt findest du
die vollkommene Einfachheit.
Und in dieser Einfachheit
bist du innerlich frei.

Wie du das Glück doch üben kannst

Jeden Tag legt das Große dir Erlebnisse vor die Füße. Manche magst du, manche nicht. Darauf hast du keinen Einfluss. Doch ob Glück oder Unglück in dir entsteht – darauf hast du einen Einfluss. Glück entsteht durch Dankbarkeit. Du kannst das überprüfen: Während du dankbar bist, kannst du nicht gleichzeitig unglücklich sein.

Falls du also Glück suchst, erkunde, wofür du dankbar sein kannst. Du wirst immer einen Anlass finden: Wenn du etwas Schönes erlebst. Wenn du dir klarmachst, dass du lernen darfst, dass du frei bist, dass sich Dinge in deinem Leben zum Positiven gewandelt haben. Dass du Irrtümer entdeckt und Unpassendes losgeworden bist. Dass du andere lassen kannst. Dass du nichts wollen oder haben musst …

Du hast den freien Willen zu wählen, wie du die Dinge und Erlebnisse sehen möchtest. Ob du dich auf die Suche nach Mangel begibst oder nach Gelegenheiten, dankbar zu sein. Jedes Mal, wenn du eine solche Gelegenheit gefunden hast, wirst du Glück empfinden. Darin kannst du dich üben!

Finde jeden Abend drei gute Gründe, um dem Großen dankbar für den vergangenen Tag zu sein. Und finde jeden Morgen mindestens einen guten Grund, um aufzustehen und in dein Leben zu gehen.

Erinnere dich:

Glück liegt nicht in Gegenständen, Ereignissen, Beziehungen oder Personen verborgen, sondern darin, wie du diese siehst. Damit hast du einen wesentlichen Zugang zum Glück selbst in der Hand.

Frage dich:

»Wofür kann ich mich jetzt gerade beim Großen bedanken?«

Die Ausstattung für deinen Weg

Wenn du dich fragst, in welche Richtung du dich bewegen sollst, gibt es einen guten Wegweiser: Was dich innerlich zum Leuchten bringt, was den Funken der Begeisterung in dir weckt, gehört zu deinem Weg. Dieser Funke kommt von deiner Seele. Und das Leuchten in dir ist sie selbst.

Falls du es vergessen hast, erinnere dich an die Zeit, als es noch da war. Gab es in deiner Kindheit oder Jugend einen Traum? Er kann dir Anhaltspunkte geben.

Und nun bist du hier. Ein Weg liegt hinter dir, der nicht immer leicht war. Aber er hat viele Erfahrungen mit sich gebracht, und du hast Fähigkeiten erlernt. Das Leben macht keine Fehler, wenn es dich üben lässt.

Alles, was du heute gut kannst, weil du es lange geübt hast, ist ein Hinweis und gleichzeitig ein Geschenk für deine Zukunft. Nimm den Funken und die Werkzeuge, deine Sehnsucht und die Fähigkeiten, und gib allem ein Ja. Und dann sei verrückt. Verbinde beides zu einer neuen, vielleicht unglaublichen Idee. Wenn du dranbleibst, hast du große Chancen. Womöglich lässt allein der Gedanke daran dein Herz lächeln. Und in diesem Moment spürst du deinen Weg wieder.

Erinnere dich:
Ein Funke wird erst dann zu einem richtigen Feuer, wenn du immer wieder Holz nachlegst.

Frage dich:
»Was bringt mich innerlich zum Leuchten? Und wie kann ich es zum Leben erwecken?«

Geben, was man erwartet

Es gibt ein großes Geheimnis zu Wünschen, Sehnsüchten und Glück. Es lautet: Du musst nie warten, dass jemand anders etwas tut. Wenn du dir etwas ersehnst oder wünschst, tue genau dies selbst. Werde es.

- *Wenn du mehr Liebe ersehnst, gib selbst mehr Liebe. Die Welt hält unzählige Möglichkeiten bereit, dies zu tun. Dann ist Liebe immer in dir.*
- *Wenn du mehr Aufmerksamkeit für dich ersehnst, gib selbst mehr Aufmerksamkeit, wem auch immer du gerade begegnest. Dann ist die Aufmerksamkeit immer in dir.*
- *Wenn du Geschenke liebst, gib Geschenke. Wem auch immer du möchtest. Dann sind Geschenke immer in deinem Leben.*
- *Wenn du Erfolg ersehnst, werde ein Teil vom Erfolg anderer. Dann ist Erfolg immer in deinem Leben, und es werden mehr kommen, mit denen du Erfolg erzeugen kannst.*
- *Wenn du eine Verbesserung in einer Beziehung erwartest, werde selbst diese Verbesserung. Verändere etwas, ganz gleich, was der andere davon hält. Dann wird sich für dich etwas verbessern.*
- *Wenn du Fülle suchst, sei die Fülle für dich selbst. Dafür musst du nicht reich sein. Dafür musst du nur all das Kleine und vielleicht Übersehene wertschätzen können, das dich täglich umgibt.*

Erinnere dich:

Alles beginnt genau an dem Ort, an dem du gerade bist.

Frage dich:

»Wie könnte ich sofort damit anfangen, selbst das Wunder zu sein, das ich gerne erleben würde?«

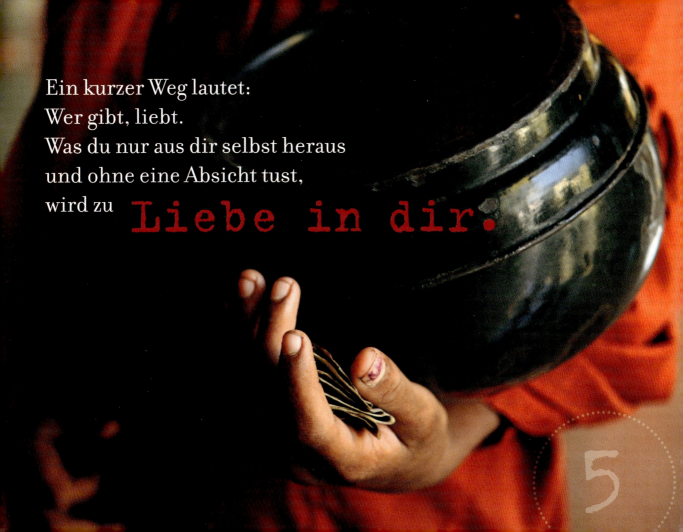

Ein kurzer Weg lautet:
Wer gibt, liebt.
Was du nur aus dir selbst heraus
und ohne eine Absicht tust,
wird zu Liebe in dir.

Was Liebe und Glück voneinander unterscheidet

Viele Menschen sehnen sich nach Liebe und Glück. Beides sind völlig unterschiedliche innere Zustände. Man kann sie im schnellen Wechsel erleben. Aber nicht beide gleichzeitig. Deshalb ist es gut, sich anzusehen, was das Wesen von Liebe ist und was das Wesen von Glück.

- *Liebe ist nach innen gerichtet.*
  Es ist ein In-sich-versunken-Sein. Liebe ist das Einssein mit sich selbst und allem darum herum. Liebe will nichts, und Liebe braucht nichts. Falls Liebe nicht in Ruhe da sein darf, wie sie ist, wird sie zu Traurigkeit.
- *Glück hingegen ist nach außen gerichtet.*
  Es ist eine Kraft, die sich ausdrücken will. Etwas verändern, erschaffen, bewegen. Glück ist zuerst eine positive Unruhe. Falls Glück gebremst wird und nicht ausgelebt werden kann, wird es zu Aggression.

Falls man darum nicht weiß und beide im gleichen Moment haben möchte, fordert man etwas Unmögliches. Und dann entsteht vielleicht ein dauerhaftes Problem in dir selbst oder in eurer Beziehung.

❁ Erinnere dich:

Liebe ist, den anderen genau so sein zu lassen. Glück ist Bewegung, die zum Tanzen bringen möchte.

Frage dich:

»In welchem Zustand bin ich gerade? Und zu was will er mich bringen?«

In dem Moment, da der Tropfen erkennt, woraus der Regen besteht, entdeckt er die

Liebe zu allem, was ist.

Den Weg spüren

Vielleicht suchst du nach Richtung oder Bestätigung für deinen Weg. Dabei kann dir Folgendes helfen:

- *Frage dich nicht, was Spaß macht.* **Das bringt nicht die Klarheit, die du suchst.**
- *Frage dich auch nicht, was Geld bringt.* **Viele Dinge bringen Geld und sind dennoch nicht dein Weg.**
- *Suche nicht danach, ob dir etwas Anerkennung oder Lob bringt.* **Beides kommt und geht.**
- *Beschäftige dich nicht zu viel mit dem, was andere raten.* **Sonst wird es nie deine eigene Entdeckung sein.**
- *Frage dich auch nicht, was dein Verstand »sinnvoll« findet.* **Der Sinn kann ganz woanders liegen.**

Suche als Erstes etwas, das dein Herz bewegt. Ganz gleich, was es sein mag. Dann wirst du dich berührt fühlen. Suche andere Menschen, die sich auch mit so etwas beschäftigen. Dann wirst du dich verstanden fühlen.

Und dann, das ist wichtig, höre einfach nicht damit auf, es zu tun. Egal, wie verrückt es scheinen mag. Denn irgendwann bricht es auf, und dann kommt mehr und immer mehr davon.

Das bedeutet: seinem Herzen folgen.

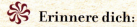 **Erinnere dich:**
Die dem folgen, was das Gefühl sagt, sind am Ende die Erfüllten.

 Frage dich:
»Welcher Sache würde ich nachgehen, wenn ich kindlich und frei wäre?«

Falls du gerade
deinen Weg suchst,
blicke als Erstes zurück und frage dich:
Was hat mich bisher berührt?
Und dann blicke nach vorne
und gehe genau dem nach.

Wie du den fragst, für den du es machst

Am Ende deines Lebens wird es einen Menschen geben, der auf sein Leben zurückblickt. Heute weißt du noch nicht, wie es ihm am Ende ergangen ist. Doch du weißt, wer er ist: Es bist du, der dort, an einem Ort in der Zukunft, liegt und sich zurückerinnert.

Wenn du diesen Menschen heute besuchen könntest, was würdest du ihn fragen? Und was würde er als Rat für dein Leben hier und heute geben? Würde er sagen: »Warte lieber. Geh auf Nummer sicher.« Oder würde er sagen: »Tue es. Verschwende keine Jahre, bitte, du hast nicht so unendlich viel Zeit, wie du vielleicht meinst.«

Ein guter Teil der Erinnerungen, die dieser Mensch am Ende deiner Zeitlinie haben wird, ist jetzt noch nicht geschrieben. Denn du bist gerade dabei, sie zu erschaffen. Du bist der Teil auf der Zeitlinie, der noch alles verändern kann. Der die Chancen noch hat. Also frage diesen Menschen, der du einmal sein wirst, was er bedauert, nie getan zu haben. Was er sich von Herzen wünscht.

Und falls du es gerade nicht dir selbst zuliebe tun kannst, vielleicht tust du es ihm zuliebe. Damit erfüllst du sein Leben mit Glück.

Erinnere dich:

Du lebst nicht endlos. Jeder Tag hat einen großen Wert.

 Frage dich:

»Was kann ich tun, um den Menschen, der ich am Ende meines Lebens sein werde, glücklich zu machen?«

Die wahre Beschaffenheit einer Grenze

Deine Möglichkeiten für Wahrnehmung sind unbegrenzt. Deine tatsächliche Wahrnehmung in diesem Moment ist jedoch begrenzt.

Diese Grenzen sind weder fest noch endgültig. Du kannst sie erweitern. Das wird dir umso besser gelingen, je klarer du erkennst, woraus die Grenzen um dich herum bestehen. Eine davon ist die Mühe. Bestimmte Erlebnisse wird man niemals haben, wenn man die Mühe davor scheut. Denke an das Besteigen eines Berggipfels, an die Reise in ein fernes Land oder an ein selbst erschaffenes Kunstwerk. Nur wenn du resignierst, gibt es wirklich eine Grenze.

Es kommt nicht darauf an, ob du eine Grenze aus Mühe in zehn großen oder tausend winzigen Schritten überwindest. Schneller oder langsamer ist unwichtig. Es ist nur eine Frage des Typs. Am Ende wirst du das Neue erleben. Das ist wichtig.

Deshalb gib nicht auf, wenn du ein Ziel, eine Vision, eine Sehnsucht oder einen Plan hast. Lasse nicht zu, dass die Mühe deine Begrenzung ist. Bejahe die Mühe als Preis für das, was du erfahren möchtest. Das kann dein inneres Bekenntnis gegenüber dem Großen sein. Und dann wird das Große dich unterstützen.

Erinnere dich:
Wenn es einmal besonders mühevoll erscheint, könntest du gerade ganz kurz davor sein, eine alte Grenze zu durchdringen.

Frage dich:
»Bin ich bereit, weiterhin in meinen Weg und meine Visionen zu investieren, auch wenn es noch eine Zeitlang anstrengend sein könnte?«

Der Schatz am Ende des Regenbogens

Wir alle wollen glücklich sein. Wir wollen geliebt werden, wollen ankommen. Nur wo? Und wie? Rastlos suchen wir überall nach dem Glück. Das fühlt sich oft so an, als würden wir einem Regenbogen zu seinem Anfang oder seinem Ende folgen wollen: Doch je näher man dort hinkommt, umso mehr löst er sich auf. Und genauso ist es mit dem Glück. Je angestrengter man sich darum bemüht, je mehr man ihm hinterherrennt, umso mehr verschwimmt das, was man eigentlich erreichen wollte.

Dann kann man sich an Folgendes erinnern: Egal, was du zu erreichen versuchst, welchem Abenteuer du folgst, welche Beziehungen du erlebst und welche Schätze du hebst, auf dem Weg nimmst du eines immer mit, dich selbst. Und was immer du erlebst, das bist du. Ganz am Ende findest du nur eines: dich selbst. In Wahrheit bewegst du dich ständig nur durch deine eigene Wahrnehmung hindurch. Durch dein eigenes Bewusstsein.

Wenn du dies erkennst, wirst du die Welt um dich herum behandeln, wie du selbst gerne behandelt würdest. Mit Liebe und Achtung. Mit Achtsamkeit und Dankbarkeit. Mit dieser inneren Haltung wirst du dein Glück finden. Unabhängig von jeder Suche im Außen.

 Erinnere dich:
Alles, was du erlebst, findet immer in dir selbst statt. Egal, wohin du gehst.

 Frage dich:
»Wo bin ich gerade innerlich oder äußerlich rastlos?« Und dann bleibe einfach stehen.

Das Thema »Verlust« neu sehen lernen

Nichts in der Natur und im Universum verschwindet jemals wirklich. Es ändert nur die Form. Transformation findet statt. Es geschieht ständig das, was man »die Schöpfung« nennt.

Auch dein Leben kennt weder Gewinn noch Verlust. Es kennt nur Ereignisse, die etwas bewegen und transformieren. Dinge und Menschen kommen und gehen. So wie du selbst auch.

Ein Ereignis, ganz gleich, was du dabei innerlich erlebst, wird erst in dem Moment zu einem Verlust, in dem du es so einordnest. Darin liegt eine Chance. Du kannst das, von dem man dir vielleicht beigebracht hat, es wäre ein schlimmer Verlust, als eine Transformation ansehen. Eine Form geht in eine neue Form über. Dass etwas oder jemand geht, bleibt bestehen. Dass es Emotionen und Gefühle auslöst, ebenfalls. Doch wie du es erlebst und was es in dir hinterlässt, kann nun anders ablaufen. Deine Bewusstheit kann anders sein.

Vielleicht ist es ab jetzt kein Verlust mehr, sondern ein Vorgang, der am Ende einen neuen freien Platz erschafft. Für das, was deine Zukunft als Nächstes für dich bereithält. Wenn du es so siehst, wird alles, was geht, für dich innerlich immer der Beginn von etwas Neuem sein. Und dann findest du vielleicht auch einen Funken von Glück darin.

 Erinnere dich:

Ein Erlebnis wird für dich so sein, wie du es betrachtest.

 Frage dich:

»Wo habe ich heute einen Gewinn oder ein Freiwerden erlebt?«

Ersetze »Verlust« durch

Veränderung.

Und gib der Veränderung dein Ja. Dann findest du in allem immer auch ein Gutes.

Die Ereignisse von gestern

Du hast zwei Möglichkeiten, mit dem umzugehen, was gestern war. Mit dem, was ein anderer vielleicht gestern getan und gesagt hat. Mit dem, was du selbst gestern gedacht und gefühlt hast.

Die erste Möglichkeit besteht darin, dem eine Bedeutung zu geben. Die zweite Möglichkeit ist, sich zu erinnern, dass heute ein neuer, unschuldiger Tag ist, der nichts vom Gestern weiß. Ein neues Hier und Jetzt.

Lasse das Gestern, wo es ist. Gehe nicht hinunter in den Hof, um es aus der Tonne zu holen. Sonst lebt ein Teil von dir dort unten.

Deine Entscheidung dafür, die Vergangenheit zu belassen, wo sie ist, bedeutet eine große Veränderung. Der Teil in dir, der zuvor die Vergangenheit verwalten musste, wird frei. Eine Bürde fällt von dir ab. Du selbst und andere werden das spüren. Wenn du dem Abgelaufenen keine Bedeutung mehr gibst, so hat das einen Namen: »Vergebung«. Ereignissen von gestern zu vergeben ist ein Akt von Liebe.

Und deshalb erlebst du ein inneres Wunder, wenn du in den Zustand von Vergebung eintauchst: Das Jetzt, ohne eine Vergangenheit, tut sich vor dir auf.

 Erinnere dich:
In Wahrheit gibt es keine Vergangenheit. Nur Gedanken an Vergangenes. Und darauf hast du Einfluss.

 Frage dich:
»Welche alten Gedanken in mir kann ich entsorgen?«

In einem bewusst gestalteten Leben

gehört die Vergangenheit nicht ins Wohnzimmer,
sondern mit achtsamer Abschiednahme auf den Friedhof.

Fünfzehn Dinge, die du loslassen könntest

Viele Menschen haben Probleme mit dem Loslassen, weil das Unterbewusstsein glaubt, es müsste beim Loslassen auf etwas verzichten. Es glaubt, es hätte dabei Nachteile.

Du kannst diesen verborgenen Irrtum korrigieren, indem du dich erinnerst, was du alles – spürbar vorteilhaft – loslassen kannst:

1. *Aufgaben, die du dir nicht ausgesucht hast.*
2. *Verpflichtungen, die du nicht freiwillig eingegangen bist.*
3. *Beziehungen, die du jetzt nicht mehr eingehen würdest.*
4. *Einen Lebensstandard, den du im Grunde gar nicht wolltest.*
5. *Verantwortungen, zu denen du nie gefragt wurdest.*
6. *Schuld, die du nie erzeugt hast.*
7. *Ziele, die du nie mit dem Herzen beschlossen hast.*
8. *Meinungen, die du nie durchdacht hast.*
9. *Gedanken, die du nie auf Wahrheit geprüft hast.*
10. *Hilfe, um die du nie gebeten hast.*
11. *Bitten, die dich binden wollen.*
12. *Ängste, die du übernommen hast.*
13. *Abwehr, die sinnlos ist.*
14. *Leid, das anderen gehört.*
15. *Oder einfach: Alles, was du nicht bist!*

Erinnere dich:

Wie wenig brauchtest du früher, um glücklich zu sein? Dorthin führt auch heute noch ein Weg. Du musst es nur beschließen.

Frage dich:

»Was brauche ich wirklich nicht mehr?«

Loslassen ist Freiheit,

und Freiheit ist ein großes spirituelles und emotionales Geschenk. Beschenke dich damit jeden Tag, und du wirst jeden Tag ein Stück mehr Glück spüren.

Die besondere Kraft im Vergeben

Wenn du vergibst, hast du die große Chance auf Transformation. Vergeben beendet und erlöst ein Thema, welches ohne das Vergeben weiterleben würde. Es beendet eine Vergangenheit, die nicht mehr existiert. Manchmal fällt es schwer oder scheint unmöglich zu vergeben. Dann sieh genau hin, worum es wirklich geht.

Der Verstand denkt: »Ich kann dem anderen nicht vergeben.« Und das bedeutet in Wahrheit: »Ich kann die Geschichte nicht aufgeben, die mich dazu zwingt, den anderen abzulehnen.« Doch mit dem anderen hat das gar nichts zu tun. Du quälst dich damit nur selbst. Nicht zu vergeben bedeutet, die Geschichte innerlich aufrechtzuerhalten. Vergeben hingegen heißt, sich dafür zu entscheiden, das Leiden nicht weiter zu aktivieren. Nur für dich. Als Akt der Selbstbefreiung.

Du tust es also nicht dem anderen zuliebe. Tätest du es dem anderen zuliebe, wäre es kein Vergeben. Dann würdest du es nur »entschuldigen«.

»Ich kann und will es nicht entschuldigen. Aber ich vergebe.« Das könnte ein neuer Gedanke sein. Und falls du einfach keinen Weg findest zu vergeben, dann vergib dir selbst dafür, dass du es nicht kannst.

❋ Erinnere dich:

Lasse das, was schmerzt, nicht aus dem Verborgenen weitere Tage deines Lebens verbrauchen.

❦ Frage dich:

»Wo könnte ich einem anderen vergeben? Und wo mir selbst?«

14

Immer wenn du einem anderen vergibst,
heilst du dich selbst.

Den Punkt von »genug« erkennen

Ein Teil fast jedes unbeaufsichtigten Verstandes besteht aus »Habenwollen«. Das ist normal, denn vorzusorgen und auf Mangelrisiken zu achten ist ein innerer Nachklang unserer Evolution, der auch heute noch im Hintergrund wirkt. Wenn sie nicht erkannt und ins Licht der Bewusstheit gerückt werden, können Mangelgefühle ein Grund für Unzufriedenheit sein, obwohl im Äußeren kein Mangel zu finden ist.

Auch in Partnerschaften sind Mangelgefühle oft ein Grund für Probleme. Falls du so etwas einmal feststellst, dann überlege: »Brauche ich das, was mein Kopf gerade will, wirklich? Von meinem Partner? Von anderen Menschen? Vom Leben? Muss dieser Konflikt weiter bestehen? All das Gerede und Gegengerede? All die Vorstellungen von Schuld und Gegenschuld. Wie viel davon noch? Wann ist es genug?«

Vielleicht wirst du in dir eine Antwort bekommen: »Jetzt ist es genug.« Aber nicht im Groll oder gegen jemanden gerichtet. Es ist genug, weil einfach genügend davon stattgefunden hat. Alleine mit dieser Entscheidung hört es manchmal tatsächlich auf. Weil du ein inneres Machtwort zu dem unbewussten Teil in dir selbst gesprochen hast.

 Erinnere dich:

Den Zustand des Loslassens von allem Kämpfen nennt man Liebe, vor allem zu sich selbst.

 Frage dich:

»Wo kämpfe ich gerade gegen einen anderen oder gegen mich selbst? Und welchen Sinn soll das für mein Leben haben?«

Unerwünschte Wiederholungen beenden

Wenn du etwas ablehnst, erzeugt das in dir Gefühle. Und Gefühle ziehen Ereignisse an. Das ist der Grund, warum eine Ablehnung immer mehr vom Abgelehnten anzieht. Was man nicht will, zieht man besonders an. Nicht als Strafe. Nicht, weil du etwas falsch machst. Es kommt, weil das Universum möchte, dass du lernst und wächst.

- *Finde heraus, wo du gegen etwas oder gegen jemanden bist. Wo ein Nein in dir wirkt.*
- *Werde dir klar, dass es zwischen Gutheißen und Ablehnung einen dritten Zustand gibt, den du einnehmen kannst: das Annehmen. Es ist einfach nur so, wie es ist.*
- *Finde das Gute im scheinbar nicht Guten. Nur für dich selbst. Finde so viele kleine Jas wie möglich.*
- *Wiederhole dies, immer wenn du wieder Ablehnung spürst.*

Das beendet die versteckt wirkenden Ablehnungsgefühle. Und damit verschwinden die Wiederholungen.

 Erinnere dich:

Ablehnung erzeugt eine emotionale Verbindung. Damit hältst du das Abgelehnte immer in dir aktiv. Du und das Abgelehnte müssen aber auch keine Gegenspieler werden. Wenn dir das bewusst wird, lässt dich das Abgelehnte los. Dann wirst du auf diesem Gebiet frei.

 Frage dich:

»Was kann ich aufhören abzulehnen?«

Ablehnungen erzeugen mehr vom Abgelehnten.
Umgekehrt verändert *jedes neue Ja in dir*
deine Beziehungen und dein Leben sofort auf positive Weise.
Denn jede Annahme beendet eine Ablehnung.

Das Neue sichtbar begrüßen

Der Verstand hat zu jedem Gegenstand in deinem Besitz eine kleine oder größere Geschichte erlebt. Jedes Mal, wenn ein solcher Gegenstand in dein Wahrnehmungsfeld kommt, wird im Unterbewusstsein unbemerkt diese Geschichte aktiviert und mit ihr die dazugehörigen Gefühle. Man nennt das Vertrautheit oder Geborgenheit. Oder Vergangenheit.

Wenn du dich auf Neues im Leben freuen möchtest, kannst du dir selbst spürbar helfen, indem du deinem Unterbewusstsein immer weniger Möglichkeiten gibst, die ewig gleichen Kurzgeschichten zu denken und zu fühlen. Räume auf.

Blicke also jeden Tag auf eine leere Stelle in deiner Umgebung, damit dein Geist sie mit etwas Neuem füllen kann. Lieber ein freier Platz und die innere Frage »Was wird wohl kommen?« als das vertraute Wissen, dass nichts kommt.

Lieber nichts haben als das Falsche.

Erinnere dich:

In der Vergangenheit ist kein Glück zu finden. Wenn du stattdessen die Freude der Gegenwart suchst, führe deinem tiefsten Inneren auch im Außen sichtbar vor Augen, dass du das Neue begrüßt.

Frage dich:

»Was kann ich heute Abend entfernen, damit ein freier Platz entsteht?«

Die Liebe kann sich erst dann mit Wohlgefühl neben dich setzen, wenn du ihr den Platz dafür vollkommen frei gemacht hast.

Finden, was noch fehlt

Wenn man das Gefühl hat, dass »etwas fehlt«, beginnt der Verstand, nach »etwas« zu suchen. Er möchte das Mangelgefühl beseitigen. Der Weg, den der Verstand hierfür am besten kennt, besteht im Hinzufügen. Also begibt er sich auf die Suche nach etwas, das er zu dir oder zu deinem Leben hinzufügen kann.

Manchmal übersieht er für lange Zeit eine grundlegende zweite Möglichkeit: Das, was fehlt, ist nicht unbedingt ein Akt des Hinzufügens. Was fehlt, ist vielleicht eine Handlung von Weglassen. Ein Loslassen.

Für dein Inneres und für Beziehungen kann das eine große Erlösung sein. Es geht gar nicht darum, dass das Leben oder der andere etwas Weiteres liefert. Es geht oft darum, dass du etwas loslässt. Eine Vorstellung oder einen Anspruch. Eine Illusion oder einen Irrtum. Vielleicht auch etwas Materielles.

Etwas loszulassen kann die so lang ersehnte und bisher übersehene Erlösung aus einem Zustand von Unzufriedenheit und Suchen sein. Und manchmal geht es sogar darum, das ständige Suchen selbst loszulassen.

Dann, endlich, kommst du vollkommen bei dir selbst an.

 Erinnere dich:

Man kann auch nach etwas auf der Suche sein, das losgelassen werden will.

 Frage dich:

»Was drängt gerade danach, von mir losgelassen zu werden?«

Was kannst du heute loslassen?

Sich gebunden zu fühlen, besonders in einer Beziehung, ist für viele Menschen leidvoll, weil dann die Bindungskräfte das Leben bestimmen und nicht die Herzenswünsche. Das Herz wünscht sich jedoch Freiwilligkeit, nicht nur in der Partnerschaft, sondern auch in anderen Lebensbereichen.

Jeder spirituelle Weg hat ein einziges höchstes Ziel: Frei werden von dem, was man nicht ist. Und sich von der Erfahrung berühren lassen, was man in Wahrheit ist.

Diese Essenz kannst du dir jeden Tag einbauen, indem du dich fragst: »Was könnte ich heute loslassen?« Einen quälenden Gedanken? Einen Gegenstand? Einen inneren Wettlauf? Ein Bemühen, es jemandem recht zu machen? Eine Beziehung, die nur noch im eigenen Kopf existiert? Eine Wunschvorstellung, die mehr belastet als motiviert? Die Sehnsucht, dass jemand anders wäre, als er ist?

Es gibt immer etwas zum Loslassen. »Und jetzt ist es damit genug!« Das wäre ein Impuls. Dann spüre, was das mit dir macht. Da ist ein Abschied und ein Glück gleichzeitig. Das Glück ist die Zukunft, die auf dich wartet.

❋ Erinnere dich:

Loslassen mag im Moment vielleicht als Verlust erscheinen, ist aber am Ende oft ein Gewinn. Allein weil du nicht mehr festhalten musst. Und weil du leichter und freier wirst.

Frage dich:

»In welchem Bereich kann ich loslassen und beobachten, was dadurch geschieht?«

Im Loslassen liegt eine enorme Kraft und ein klarer Weg in Richtung Liebe und Glück. Weil es alles gehen lässt, was in Wahrheit nicht zu dir gehört.

Deine Gedanken und das, was du wirklich bist

Innere Unzufriedenheit und Unglück entstehen oft durch Gedanken und halten sich durch weitere Gedanken, die sich wiederum daraus ergeben, am Leben.

Aber hast du diese Gedanken, die dir so viel Leid bescheren, jemals wirklich untersucht? Gedanken, von denen du gar nicht sicher sein kannst, ob sie überhaupt der Wahrheit entsprechen? Wenn du das bemerkst, ist die Zeit gekommen, die einzelnen Gedanken genau zu beobachten.

Ein Gedanke, der dir wehtut, ist wie ein Kranker in deinem Haus. Er braucht Aufsicht und Betreuung. Eine innere Krankenschwester, die regelmäßig nach ihm sieht. Man spricht auch vom inneren Beobachter. Falls du dich um einen kranken Gedanken nicht kümmerst, machen sich weitere seiner Art breit, die weitere Lebensbereiche von dir erfassen.

Deshalb aktiviere deine innere Krankenschwester. Lasse sie regelmäßig durch alle inneren Räume gehen und nach dem Rechten sehen. Gib ihr zwei Flaschen Medizin mit auf den Weg, die sie im richtigen Moment verabreichen kann. Auf der einen Flasche steht »Wahrheit«, auf der anderen »Liebe«.

❈ Erinnere dich:

Ganz gleich, was gerade geschieht oder geschehen ist – du hast immer die Wahl, welche der Gedanken, die infolge bestimmter Geschehnisse entstanden sind, du weiter in dir beherbergen willst.

Frage dich:

»Worauf bin ich gerade besonders fokussiert? Und möchte ich das auch wirklich so?«

Worauf du achtest, das wirst du bemerken.
Was du bemerkst, das wirst du wahrnehmen.
Was du wahrnimmst, das wird dein Erlebnis sein.
Und was du erlebst, wird dein Leben sein.

Deshalb erschafft das, worauf du achtest, dein gesamtes Leben.

Die verlorene Unschuld von Worten

Wenn man auf der Suche nach innerem Wachstum schon viel versucht und erlebt hat, kann der Verstand ein Problem für den weiteren Weg erzeugen.

Er sagt: »Ich bin schon so lange auf diesem Weg. Dies und das habe ich alles schon gehört, gesehen, ausprobiert und erlebt. Das ist für mich alles ein alter Hut.« Und plötzlich ist da ein Ich, das sich mit alten Erlebnissen identifiziert. Ein Ich, das seine innere Unschuld gegenüber dem Neuen verloren hat. Ein »Ich-weiß-Bescheid«-Ich.

Wenn du dich in deiner Bewusstheit üben möchtest, kannst du darauf achten, wie sich so eine Identifikation bildet: Die Gedanken brauchen Bezeichnungen für etwas, das erlebt wurde. Sie müssen es in Worte kleiden. Ist ein Wort einmal mit einem Erlebnis belegt, bleibt der Verstand dabei. Für einen anderen Menschen kann dieses Wort einen ganz anderen Inhalt haben, der für dich einen neuen Wert birgt.

Verpasse nicht den Weg zu diesem Schatz. Glaube nicht den alten Begriffen in dir. Glaube auch nicht den alten Gedanken und Meinungen. Tue so, als wüsstest du noch gar nichts, sei neugierig und betrachte das Thema mit den Augen eines anderen.

 Erinnere dich:

Es gibt nur eine Grenze für dein Wachstum – wenn du glaubst, es wäre auf einem bestimmten Gebiet bereits am Ende angelangt.

 Frage dich:

»Was kann ich mir von einer ganz neuen Perspektive aus ansehen?«

Viele Worte sind wie falsch beschriftete Schubladen. Man wird darin niemals die Wahrheit finden, die draufsteht. Entferne das alte Schild und ordne es neu zu.

Negative Überzeugungen erkennen und entkräften

Innere Überzeugungen können Kraft und Richtung geben. Sie können jedoch auch genau das Gegenteil bewirken. Weil eine Überzeugung ein eigenes kleines Ich ist, reagiert sie auch wie eine eigene Persönlichkeit. Sie erzeugt mehr von dem, was sie glaubt.

»Ich habe diese Fähigkeit nicht. Ich schaffe jenes nie. Dafür ist es zu spät. Ich habe immer Pech. Ich spüre nichts. Bei mir funktioniert das nicht. Das Leben wird einfach nicht besser …« Solche Überzeugungen lieben eines gar nicht: Wenn man ihnen Belege bringt, dass sie nicht stimmen. Denn die Erkenntnis über die eigene Unwahrheit wäre ihr Ende. Eine negative Überzeugung möchte am Leben bleiben. Deshalb will sie um jeden Preis verhindern, dass du Gegenbeweise suchst. Und das macht sie auf drei Arten.

Sie sagt: »Warum Gegenbeispiele suchen? Das bringt gar nichts. Die Tatsachen ändern sich dadurch ja nicht.« Oder sie sagt: »Nur weil es ein Gegenbeispiel gibt, beweist das nicht, dass meine Überzeugung falsch ist.« Oder einfach: »Ich habe jetzt keine Lust. Ich mache es vielleicht später.« Und dann vergisst du es. Nun kennst du die Tricks und kannst solche Überzeugungen in dir verändern.

Erinnere dich:

Überzeugungen sind nicht dazu da, um geglaubt zu werden. Überzeugungen sind dazu da, um genau hinterfragt zu werden. Das ist dein Weg zu dem, was du in Wahrheit bist.

Frage dich:

»Stimmen diese unguten Gedanken, die ich dauernd denke, auch wirklich und ohne jeden Zweifel?«

Das Leben

hast du letztlich nicht in der Hand,
denn in Wahrheit hat das Leben dich.
Doch was du davon denkst und was du daraus
machst, kannst du wählen. So gesehen,
hast du den wichtigsten Teil doch immer

in der Hand.

Deine Entscheidung für Freiwilligkeit

Wenn du etwas unfreiwillig tust, leidest du. Tust du es hingegen freiwillig, bist du in Frieden mit dir selbst und der Sache. Diese Tatsache kannst du für dein inneres Gleichgewicht nutzen.

Es mag Dinge geben, die du tun musst, obwohl du es nicht möchtest. Dann glaubt der Verstand, er hätte keine Wahl. Diese Unfreiheit liebt er gar nicht, und so beginnt das Leiden. Doch in Wahrheit hast du immer eine Wahl. Vielleicht kannst du an der Tatsache, dass du es tust, wenig verändern. Doch darüber, wie du es tust, kannst du bestimmen. Du hast die Entscheidungsmöglichkeit, ob du die Ablehnung in dir aufrechterhalten möchtest oder ob du die Dinge annimmst, so wie sie gerade sind. Ob du innerlich Nein sagst oder Ja.

Etwas abzulehnen, was man dennoch gerade tut, ist gleichbedeutend damit, sich selbst in diesem Moment, an diesem Ort abzulehnen. Und am Ende bist du selbst immer der Hauptleidtragende deiner eigenen Ablehnung. Die gute Möglichkeit, in Frieden zu kommen, lautet: Wenn du das Ungeliebte ohnehin machen musst, entscheide dich innerlich, es freiwillig zu tun. Nimm die Aufgabe an als »das, was ist«.

 Erinnere dich:

Bei Ablehnungsgefühlen sage dir: »Wenn ich es schon tun muss, dann tue ich es freiwillig.« So hast du einen Kampf gegen das Hier und Jetzt weniger.

 Frage dich:

»Welcher Tatsache in meinem Leben kann ich heute ein Ja geben?«

Viel vom Leid der Welt entsteht durch Ablehnung.
Auf die Welt und auf das Leben magst du wenig Einfluss haben.
Auf die Ablehnung in dir selbst hingegen schon.
Erinnere dich an deine Möglichkeit für

ein Ja zu diesem Moment.

Die Geschichte, es gäbe Fehler, durchschauen

Viele leiden unter der Angst, dies oder jenes könnte ein Fehler gewesen sein oder einer werden. Daraus kann sich ein selbstständiges Fehler-Ich entwickeln, das irgendwann einen großen Teil der Weltsicht, des Denkens und des Handelns lähmt.

Was braucht es, damit in deinem Denken »ein Fehler« existieren kann? Es braucht eine Handlung, ein Ergebnis und einen inneren Richter. Entferne den Richter, und du hast immer noch eine Handlung und ein Ergebnis. Nichts im Außen ist anders.

Aber in dir selbst wird alles anders. Ohne den inneren Richter wirst du dich nicht dauernd mit Selbstvorwürfen und Zögern beschäftigen. Das schafft zwei Teilen von dir mehr Zeit, um etwas Sinnvolles zu tun: Der innere Richter ist arbeitslos und kann woanders Nützliches tun. Und du selbst hast mehr Kraft, weil du nicht ständig mit dem inneren Richter diskutieren musst.

Ihn aus deinem Denken zu entfernen ist ein Weg zu mehr Liebe. Zuerst zu dir selbst und dann zu anderen.

Erinnere dich:

Ein Fehler ist etwas nur, wenn du es dazu machst. Ansonsten ist es Lernen, Wachsen und eine Annahmeübung für dich selbst.

Frage dich:

»Wie wäre dieselbe Situation, wenn es das Wort Fehler im Universum nicht gäbe?«

Über die Illusion, mehr Mut zu brauchen

»Ich habe den Mut dafür nicht.« Das ist eine Geschichte des Verstandes. Was geschieht, wenn du diesen Gedanken glaubst? Du hast einen Grund, es nicht zu tun. Du wartest.

Der Verstand sagt: »Um dies zu tun, braucht man Mut.« Und dann wartet er auf den Mut. Doch das ist eine Falle der Gedanken. Durch Warten kommt kein Mut. Das Warten erzeugt nur noch weniger Mut. Es ist vollkommen verrückt, auf Mut zu warten.

Du brauchst keinen Mut. Du musst es einfach nur tun. Vollkommen ohne Mut. Sogar deine Angst darfst du behalten. Sie muss nicht erst verschwinden. Tue, was du tun möchtest, mitsamt deiner Angst und ohne Mut. Tue es einfach.

Und später, wenn du zurückblickst, wirst du merken: Das war mutig, obwohl ich es mit Angst und ohne Mut gemacht habe.

 Erinnere dich:

Der Glaube daran, Mut erringen zu müssen oder ihn nicht zu besitzen, kann dich in dir selbst gefangen halten. In Wahrheit ist er nur eine Geschichte des Kopfes.

 Frage dich:

»Wohin könnte ich die Fantasiegeschichte darüber, dass ich mehr Mut bräuchte, einfach zurückgeben?« Und dann machst du ein Ritual, nur für dich selbst, in dem du diese alte unwahre Geschichte loslässt. Vielleicht suchst du dir ein Symbol für die Geschichte und beerdigst es.

Das Denken und das Herz verbinden

Manchmal beginnt eine Situation oder Beziehung ganz einfach und wird erst mit der Zeit kompliziert. Dann tritt einen Schritt zurück und sieh dir an, bis zu welchem Punkt es noch einfach war. Und du wirst bemerken: Es wurde schwierig, als sich der Verstand mit seinen Worten, Wünschen, Forderungen und Argumenten immer mehr Einfluss verschaffte. Oft ganz ungewollt und unbemerkt.

Dann kannst du dich zurückbesinnen: Kompliziertheit ist die Berufung des Gehirns. Einfachheit ist die Berufung des Herzens. Wenn eine Lösung oder eine Idee einfach ist, so ist das ein Hinweis darauf, dass sie dem Herzen entspringt, dass du gerade im Herzen bist. Das fühlt sich spontan, frei und leicht an. Wenn die Argumente und Bedenken einsetzen, bist du hingegen wieder im Gehirn. Dann fühlt es sich schwerer und enger an, und es wird langwierig.

Der Bereich, den man das spirituelle Herz nennt, verfügt über und verarbeitet, verglichen mit deinem Gehirn, ein Vieltausendfaches an Informationen. Deshalb kann sich das Herz so einfach und schnell entscheiden. Das Herz ist nie das Problem. Doch um etwas zu bewegen, braucht es die Zustimmung des Verstandes.

Erinnere dich:

Wenn es kompliziert wird, kann es nicht das Herz sein. Dann verabschiede die Kompliziertheit und lasse wieder Einfachheit zu.

Frage dich:

»Was war mein erster gefühlter Impuls? Was ist jetzt mein gefühlter Impuls?« Dort ist die Wahrheit.

Die Fähigkeit des menschlichen Gehirns, sich von allem getrennt zu fühlen, ist unendlich. Die Fähigkeit des Herzens, sich mit allem zu verbinden, ist ebenfalls unendlich. **Und durch deinen freien Willen hast du die Wahl,** wem von beiden du folgst.

Gehört dem Fisch das Meer?

Wenn du genau hinsiehst, drehen sich viele der täglichen Gedanken um Bekommen oder Verhindern, um Verändern oder Bewahren.

Einfacher gesagt: um die Kontrolle über Situationen oder Personen. Das ist kein Fehler, sondern das Urprogramm des Intellekts, der im tiefsten Kern für das tägliche Überleben entwickelt wurde. Der Verstand liebt die Idee, etwas könne ihm gehören, deshalb so sehr, weil Eigentum ihm Sicherheit suggeriert. »Wenn es ganz und gar meines ist, kann es mir keiner mehr wegnehmen.« Diese einfache Sichtweise benützt der Verstand nicht nur für lebensnotwendige Dinge. Er überträgt sie auf fast alle Arten von Gegenständen und Situationen. Manchmal sogar auf andere Menschen.

Was auch immer der Verstand glaubt, fest zu haben – es ist eine Illusion. Es wäre ähnlich absurd, wie wenn ein Fisch dächte: »Mir gehört das Meer.«

In Wahrheit bewegst du dich durch diesen Traum, der sich Leben nennt, eine Weile hindurch. Und genau so, wie du in einem Traum nichts besitzen, sondern nur erleben kannst, ist es auch hier. Am Ende wachst du auf und stellst fest: Es war nur ein Traum.

 Erinnere dich:

Kontrolle haben zu wollen ist ein hoffnungsloses Unterfangen, besonders wenn es um Beziehungen oder das Leben geht.

 Frage dich:

»Wo könnte ich Gedanken von Kontrolle mit Hingabe und Annahme ersetzen?«

Dieser Moment und deine Wahl

Sofern es um diesen Augenblick geht, ist die einzige Wahl, die du hast, dich zwischen Ja und Nein zu entscheiden. Zwischen Annehmen und Ablehnen. Zwischen innerem Frieden und Widerstand. Natürlich, die Wahl, etwas zu verändern, hast du auch. Doch erst danach. Jetzt, in diesem Moment, der gerade da ist, gibt es nur die Wahl, ihn anzunehmen oder nicht.

Wenn du dich dafür entscheidest, die Ablehnung des Augenblicks aufzugeben, hast du eine Sorge weniger. Dann kann ein Widerstand in dir verschwinden. Und danach stehen dir alle Optionen für deinen Weg offen. Frieden oder Kampf. Verändern oder sein lassen. Bleiben oder gehen. Doch wofür immer du dich entscheidest, du startest nun von einem Frieden mit dir selbst und dem Leben heraus, so wie es ist.

Finde jeden Morgen nach dem Aufwachen ein Ja für den Tag. Finde jeden Abend vor dem Schlafen ein Ja für den nächsten Morgen. Das ist eine gute Übung für dein bewusstes Sein.

Erinnere dich:
Zu einer Situation Ja zu sagen bedeutet nicht, sie »gut finden« zu müssen. Es bedeutet nur, dass du den inneren Kampf beendest, den du vielleicht gegen diesen Moment führtest.

Frage dich:
»Was lehne ich gerade ab?« Und dann suche stattdessen eine Möglichkeit, wie du doch noch ein Ja zu diesem Augenblick geben kannst.

Soweit es diesen Augenblick deines Lebens betrifft, hast du nur die Wahl zwischen **Ja oder Nein.** Eines davon wird dich glücklicher machen.

Die Kraft von Entscheidungen nutzen

Wenn bestimmte Gedanken immer wieder dasselbe denken, suchen diese Gedanken nach einem inneren Abschluss für ein Thema. Sie wälzen sozusagen ein Problem und werden erst Ruhe geben, wenn das innere Gleichgewicht wiederhergestellt ist. Wenn eine Lösung gefunden ist. Das kannst du unterstützen.

Für den Verstand ist eine Entscheidung gleichbedeutend mit einer Lösung. Du kannst also deine innere Unruhe verringern, indem du eine Entscheidung triffst. Das ist in jeder Situation möglich. So könnten deine Entscheidungen aussehen:

- »*Solange sich keine Lösung zeigt, lautet meine Entscheidung: Ich verändere nichts.*«
- »*Meine Entscheidung lautet: Ich nehme die Situation an, wie sie ist.*«
- »*Ich entscheide mich, mich weiterzubilden und dieses Thema in vier Wochen neu zu prüfen.*«
- »*Ich entscheide mich, meine Aufgabe weiter zu erfüllen, aber die Rolle des Opfers werde ich nicht mehr einnehmen.*«

Reden oder schweigen. Aufstehen oder sitzen bleiben. Etwas tun oder nichts tun ... Du entscheidest ohnehin immer, ob du etwas willst oder nicht. Also warum nicht bewusst statt unbewusst?

 Erinnere dich:

Entscheidungen verringern deine inneren Konflikte. Du gibst den Fragen in dir ein Ja und beantwortest sie mit einer Entscheidung. Und wenn Fragen Antworten bekommen, werden sie ruhiger.

 Frage dich:

»Wo kann ich heute eine klare Entscheidung treffen?«

Schwebezustände erzeugen Unzufriedenheit. **Deine Entscheidungen** beenden die Schwebezustände. Deshalb macht dich jede Entscheidung freier. Und das ist ein großes inneres **Glück.**

Zehn Bekenntnisse
für Kraft und Selbstliebe

1. Sorge für Klarheit. Dann bist du Schöpfer statt Opfer.
2. Kläre schwelende Themen und Schwebezustände, denn sie zehren an deiner Kraft.
3. Entscheiden zu können ist Freiheit. Also entscheide immer. Selbst wenn du dich entscheidest, jetzt nichts zu entscheiden. So erschaffst du zumindest klare Zeitfenster.
4. Habe Mut. Falls du etwas anders entscheidest, als das Leben es will, wird das Leben es korrigieren oder es dich korrigieren lassen.
5. Falls du nichts entscheidest, könntest du damit gerade das Leben behindern.
6. Mache dir und anderen klar: Du entscheidest immer nur für das Hier und Jetzt. Morgen können die Umstände andere sein. Dann bewertest du sie morgen neu.
7. Entscheide nichts unter Emotionen. Sonst gibst du ihnen die Macht über dein Leben.
8. Wenn viel ohne Ergebnis hin und her gedacht oder geredet wird, bildet sich gerade ein Problem-Ich. Dann beende das Reden und führe eine Handlung durch.
9. Falls dich etwas festhalten will, entscheide dich, es innerlich loszulassen. Es könnte dennoch bleiben. Aber dann seid ihr beide frei.
10. Wenn dein Herzensgefühl etwas nicht will, entscheide dich, diesem Gefühl zu folgen. Und wenn es etwas will, dann ebenfalls.

Erinnere dich:

Mit jeder noch so kleinen Entscheidung steigen deine Kraft und deine Klarheit.

 Frage dich:

»Wie würde die Liebe jetzt entscheiden?«

Über Beziehung und Liebe

Von Geburt an erlebt man, dass die Zuneigung der Eltern stark vom eigenen Verhalten abhängt.

Daraus entsteht eine innere Geschichte. Die Geschichte darüber, was wohl die Liebe sei. Unter welchen Bedingungen man liebenswert ist. Und bald wird sie zu der Geschichte, unter welchen Bedingungen man sich selbst lieben darf oder nicht. Wann man andere lieben darf oder nicht.

Doch diese Geschichte ist falsch. Es ist nicht die Wahrheit über die Liebe. Es ist die Geschichte von Belohnung und Bestrafung. Von Bindung und Lenkung. Von Erwartungen, Erfüllungen und Enttäuschungen. All dies sind die Zutaten für einen Zustand, den man »Beziehung« nennt.

Die Liebe braucht nichts davon.

Wenn du Liebe suchst, suche nicht »Beziehung«. Sucht euer gemeinsames Ja zueinander. Immer wieder, in jedem Moment, in dem ihr euch begegnet. Dann wird das Ja eine Grundströmung zwischen euch. Und suche das Zusammensein mit dir selbst, ohne dass der Gedanke »Ich brauche eine Beziehung« dich stört. Dann wird sich ein neuer Himmel öffnen.

 Erinnere dich:

Eine Beziehung haben zu wollen ist überflüssig. Liebe lieber.

 Frage dich:

»Wie wäre es, wenn ich das Wort Beziehung gar nicht denken könnte? Wie würde sich unser Zusammensein dann anfühlen? Wie würde sich mein Leben dann anfühlen?«

Für die Liebe in dir

brauchst du keine Beziehung. Aber für eine gute Beziehung brauchst du Liebe in dir. Deshalb kümmere dich immer um die Liebe in dir und verliere dich nicht in der Beziehung.

Das Wesen von Einsamkeit und Alleinsein

Das Wesen von Alleinsein ist: Du bist ohne andere und fühlst dich dennoch geliebt. Das Wesen von Einsamkeit ist: Du kannst unter hundert Leuten sein, die dir alle sagen, dass sie dich lieben, und fühlst dich dennoch nicht geliebt.

Viele Menschen flüchten vor der Einsamkeit in eine Beziehung, weil sie glauben, dann würde die Einsamkeit verschwinden. Doch der Zustand von innerer Einsamkeit hat nichts mit Beziehung oder Nicht-Beziehung zu einem anderen Menschen zu tun. Er hat mit der Beziehung zu dir selbst und dem Großen zu tun.

Wenn du des Großen gewahr wirst, wenn du dich als Seele gefunden hast und spürst, wirst du dich nicht mehr einsam fühlen. Alleine vielleicht, aber nicht einsam.

Und dann könnte eine Beziehung kommen, in der jeder der Partner auch alleine sein kann, ohne sich gleich einsam zu fühlen. Ohne dauernd etwas fordern zu müssen. Das wäre eine Beziehung zweier Menschen, die den anderen nicht als Mittel gegen Einsamkeit brauchen, sondern als Gefährten für den Weg lieben.

✿ Erinnere dich:

Nur du selbst kannst dir die innere Einheit mit dir geben. Wenn du das erkannt hast, hören deine Forderungen an andere wie von selbst auf. Und das ist der Zustand von bedingungsloser Liebe.

Frage dich:

»Bin ich sicher, dass ein Mehr an Liebe in meinem Leben in einer Beziehung verborgen ist?«

Es gibt ein Geheimnis über die Liebe in Beziehungen:

Der andere gibt sie dir nicht,
und er nimmt sie dir nicht.
Die Liebe wohnt in dir.
Schon immer und für immer.
Der andere weckt sie nur auf.
Du könntest sie allenfalls
zwischendurch vergessen,
doch verlieren wirst du
sie nie.

Der Weg zu sich selbst in Beziehungen

Wenn man jemanden liebt oder sehr gerne hat, ist es ganz natürlich, dass man ihm auch gefallen möchte. Doch es ist ein Unterschied, ob man sich von seiner besten Seite zeigt und sich für den anderen schön macht oder ob man dem anderen zu Gefallen sein will.

Im ersten Fall machst du es für dich selbst. Damit du dich gut fühlst, wenn du in den Spiegel blickst. Im zweiten Fall begibst du dich in eine Rolle und versuchst, fremde Erwartungen zu erfüllen. Wenn du dich dabei im Spiegel ansiehst, fühlst du dich nicht gut.

In einer Beziehung zerstört das die Liebe. Kannst du jemanden lieben, der dich anders haben will, der dich in Wahrheit gar nicht meint?

Vielleicht hilft es eurer Beziehung, wenn du deinem Partner sagst: »Ich kann für dich alles sein, was ich bin. Aber nichts anderes.«

 Erinnere dich:
In einer Beziehung ist die Liebe der Teil, der nichts verlangt und nichts erfüllen muss.

 Frage dich:
»Wo könnte ich damit aufhören, Erwartungen zu erfüllen? Auch meine eigenen?«

Genau du selbst zu sein

ist alles, was du dem anderen
auf Dauer anbieten kannst,
ohne dich selbst zu verletzen.

Klarheit – das Lebenselixier für die Liebe

Wenn du die Wahl hast zwischen klar und trüb: In welchem Wasser schwimmst du lieber? Welche Luft atmest du lieber? Welche Gedanken denkst du lieber? Welche Art zu leben lebst du lieber?

Eine bedeutsame Ursache für Unglücklichsein in Beziehungen ist Unklarheit. Dinge, die in der Schwebe sind, Verdrängtes, Unentschiedenes, Unausgesprochenes. Vielleicht, weil man Angst vor den Folgen hat.

Je mehr Klarheit du in deine Beziehungen gibst, umso freier und reiner wird es zwischen euch werden. Die Klarheit kann sehr liebevoll sein, wenn sie aus deinem Herzen kommt und dem anderen seine Würde lässt. Wenn kein Angriff darin liegt. Vielleicht gibt es einen kurzen unangenehmen Moment, doch am Ende ist es richtig und stimmig.

 Erinnere dich:

Wenn du selbst Klarheit gibst, darfst du sie auch einfordern. Dann kann es eine gute Beziehung werden. Achte dabei die Aussagen, Wünsche und Entscheidungen des anderen. Mache dich nicht davon abhängig, ihn verändern zu wollen.

 Frage dich:

»Bin ich hierin klar? Und kann ich mich selbst achten, wenn ich so handle?« Dann hast du immer einen guten Leitfaden.

Wenn du deine Beziehungen verbessern möchtest, lasse Klarheit, Wahrheit und Integrität darin wohnen.
In diesem Licht kann verstecktes Unglück nicht überleben.

Selbst der Leuchtturm sein

Manchmal sucht man nach dem Guten in der Welt. Oder nach dem Richtigen und Anständigen in Menschen. Man sucht nach einer Hoffnung da draußen, nach einem Vorbild, dem man folgen kann. Nach jemandem, in dessen Nähe zu sein guttut. Wenn man das nicht findet oder wenn man glaubt, es gefunden zu haben, und anschließend enttäuscht wird, kann Hoffnungslosigkeit aufkommen.

Deshalb: Wenn du ein Licht suchst, sei selbst das Licht. Dann wirst du nicht mehr von anderen Licht erwarten und vielleicht enttäuscht sein.

- *Wenn du Führung suchst, werde selbst die Führung. Auch wenn du ganz klein beginnst. Jedes Feuer beginnt mit einem Funken.*
- *Wenn du Verständnis suchst, werde selbst das Verständnis.*
- *Wenn du Liebe suchst, dann sei die Liebe.*

Was immer du suchst, werde es. Als Erstes für dich selbst. Und dann für andere. So bist du irgendwann selbst der Leuchtturm, den du ersehnt hast. Und dann kannst du einem anderen helfen, ebenfalls ein Leuchtturm zu werden. Und weil menschliche Leuchttürme sich durch Raum und Zeit bewegen, werden sie einander an ihrem Licht erkennen und am Ende finden.

 Erinnere dich:

All deine Handlungen machen deine Welt aus. Auch deine Worte und deine Gedanken sind deine Welt. So kannst du in dir mit der positiven Veränderung beginnen.

 Frage dich:

»Worin kann ich ein Vorbild sein? Und sei es auch nur für mich selbst?«

Fürsorge richtig verstehen

Wenn man einen Menschen besonders mag, möchte man ihn vielleicht vor Schaden bewahren oder ihm auf seinem Weg helfen. Dann möchte man ihm Ratschläge geben, die Richtung weisen oder am liebsten eingreifen, um ein offensichtliches Risiko zu verringern. Oft wehrt sich der andere dagegen oder lehnt dich letztlich vielleicht sogar ab, obwohl es so gut gemeint ist.

Wenn wieder einmal eine solche Situation auftaucht, erinnere dich an folgendes Bild: Boote werden gebaut, um auf See zu gehen und das Meer und die Ferne zu erkunden. Bei schönem Wetter und bei schlechtem Wetter. Mit klarem Ziel oder einfach nur um des Erkundens willen. Leuchttürme werden gebaut, um Booten den Kurs zu weisen, falls sie eine Orientierung suchen. Der Leuchtturm läuft einem Boot nicht hinterher, das aufs Meer hinauswill. Das Boot kommt zum Leuchtturm, wenn es sich dafür entscheidet. Die einzige Aufgabe des Leuchtturms ist es, an seinem vorgesehenen Platz zu sein und sein Licht zu halten.

Und beim Menschen ist dieses Licht die Liebe.

 Erinnere dich:
Hilfe muss nicht Eingreifen bedeuten. Und Liebe bedeutet nicht, den anderen zu hindern. Ein Akt von Liebe kann darin bestehen, ihn freizulassen. Ihn seine Erfahrungen erleben zu lassen. Ganz gleich, was das für einen selbst bedeutet. Ganz gleich, ob man es anders machen würde.

 Frage dich:
»Wo möchte ich gerade das Leben eines anderen beeinflussen?« Und dann: »Was würde die Liebe tun?«

Die Wirkung des Lichts in dir

Wenn du glücklich und erfüllt bist, leuchtest du auf eine Art, die andere spüren können. Du strahlst etwas Kraftvolles, Helles aus.

Bei denen, die es bemerken, kann dein Glück zwei unterschiedliche Reaktionen auslösen. Die einen werden deine Nähe suchen, weil sie sich von deinem Leuchten angezogen fühlen. Für die anderen bist du ein Spiegel, der ihnen zeigt, was sie im Moment selbst nicht haben. So eine Erkenntnis kann Ablehnung auslösen. Sie werden dich also entweder meiden, oder sie könnten gegen dich sein, obwohl du nicht gegen sie bist.

Das sind die auftauchenden Gegenkräfte zum Glück. Sie kommen, weil alles im Universum am Ende nach einem Gleichgewicht strebt.

Falls du möchtest, kannst du einen weiteren Schritt machen und von dir selbst aus eine Balance einleiten: Je besser es dir selbst geht, umso mehr erinnere dich immer wieder an jene, denen es gerade nicht so gut geht. Sende nicht nur deine Freude, sondern auch Verständnis. Dann kommt zu deinem Glück nicht einfach noch mehr Glück hinzu, sondern die annehmende Liebe. Viel Freude kann andere umstoßen. Viel Liebe hingegen umarmt sie achtsam.

✺ Erinnere dich:

Liebe ist zuhörendes Verstehen. Und sie wird mehr, wenn du sie teilst. Also teile dein Zuhören und Verstehen mit anderen.

Frage dich:

»Wem kann ich heute Zeit schenken, nur mit Dasein und Zuhören?«

Wenn sich in dir ein Licht entzündet, erzähle nicht davon, dass du es besitzt. Stattdessen teile es.

Warum Teilen zu Liebe führt

Manche Menschen suchen nach Liebe, als ginge es darum, einen Tank aufzufüllen. Sie empfinden einen inneren Mangel und hoffen, dass sie diesen durch einen anderen Menschen, von außen also, beheben können.

Wenn es beispielsweise um Essen geht, dann funktioniert diese Vorgehensweise: Wer Hunger hat, den sättigt Essen. Er kann den Mangel von außen beheben.

Doch bei der Liebe ist es genau andersherum. Die Liebe wird mehr, wenn du anderen etwas gibst, und weniger, wenn du nimmst. Der Grund dafür ist das Wesen der Liebe: Denn mit dem Teilen löst du die Grenzen zwischen dir und anderen, zwischen dir und der Welt auf. Die Ausrichtung auf das Teilen verändert dein Bewusstsein. Es verändert deine Ausstrahlung. Und es verändert das, was du von außen anziehen wirst.

Um zu teilen, musst du nicht reich sein. Es geht nicht um eine bestimmte Menge oder um einen festgelegten Wert. Es geht vielmehr um eine Handlung. Du kannst deine Aufmerksamkeit teilen oder deine Zeit. Du kannst Essen teilen oder eine kleine Geldmenge, indem du jemandem etwas gibst oder ihn einlädst. Du kannst Bücher teilen, indem du sie verschenkst, wenn du sie nicht mehr brauchst, und genauso Kleider oder andere Gegenstände.

Erinnere dich:

In allem, was du bist, und in allem, was du hast, findest du Möglichkeiten zu teilen. Und jedes Mal, wenn du es tust, wird die Liebe in dir sein.

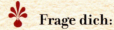

Frage dich:

»Wovon kann ich etwas abgeben?«

Die große Chance
von freiwilligem Verzicht

Etwas haben zu wollen erzeugt eine Kraft. Jede Kraft hat eine Richtung. Sie ist eine Bewegung. Und jede Bewegung im Universum löst irgendwann eine Gegenbewegung aus. Je mehr du ziehst, umso mehr wird am Ende entzogen. Je mehr du drückst, umso mehr Gegendruck kommt. Das ist das Spiel der Kräfte, in normalen Beziehungen genauso wie im Leben.

Nur ein einziger Zustand ist davon frei: das Sein. Sei mit dem anderen, und du bist frei. Und dennoch seid ihr zusammen. Mit dem anderen einfach nur da sein zu dürfen ist das Glück, nach dem sich so viele sehnen, ohne es zu wissen. Suche das Sein mit dem anderen, dann findest du den erlösten Zustand von Beziehung. Man nennt ihn bedingungslose Liebe. Du kommst dorthin, wenn du dich in einer Fähigkeit übst, die man das »Sein-Lassen« nennen könnte.

»Ein Teil von mir hätte es gerne, aber ich lasse es dennoch freiwillig los. Vielleicht kommt es, vielleicht auch nicht.« In dieser Haltung liegt in Wahrheit gar kein Verzicht, sondern ein großer Gewinn: die Freiheit. Und darin liegt ein großes Glück verborgen. Für dich selbst und für den anderen.

✿ Erinnere dich:

Nichts zu brauchen ist ein glücklicher Zustand, der in dir selbst seinen Anfang hat.

Frage dich:

»Welchen meiner Gedanken an Habenwollen kann ich loslassen?«

Freiwillig nichts zu wollen

heilt die Liebe
in der Beziehung.

Der Wert der Würde

Würde ist nicht Überheblichkeit. Würde ist auch nicht ein großes Ego. Die Würde in einem Menschen ist ein Funken von Gott. Deshalb gab man ihr den Schutz, »unantastbar« zu sein.

Es gibt Bettler und Ärmste am Straßenrand, die nichts im Leben besitzen und dennoch eine vollkommene Würde ausstrahlen. Und es gibt höchste Amtsträger, bei denen man sie kaum entdeckt.

Besonders in schwierigen Situationen und in Beziehungen achte darauf, deine Würde nicht zu verlieren und die des anderen nicht zu verletzen. Damit hast du immer einen guten Berater. Du wirst lieber verzichten oder loslassen, als die Grenze zur Würdelosigkeit zu überschreiten.

Streiten kann man. Laut werden kann man. Emotionen und Fehler darf man haben. Das ist kein Problem. Das lässt sich wieder in Ordnung bringen. Aber ohne Würde zu agieren zerstört alles.

 Erinnere dich:

Andere sein zu lassen kann ein Ausdruck großer Liebe sein. Auf jeden Fall ist es ein Ausdruck hoher Bewusstheit von dir selbst.

 Frage dich:

»Wo könnte ich den anderen einfach sein lassen, wie er gerade ist, selbst wenn ich ihn eigentlich ändern will?«

Du kannst einen stabilen Ankerpunkt in deinem Leben setzen: deine **Würde** und deine **Integrität.** Dann hat dein Schiff auch im Sturm

immer einen Halt.

40

Zum eigenen Mittelpunkt werden

Es gibt einen Unterschied zwischen Egoismus und Egozentrik. Der Egoismus sagt: Ich will alles nur für mich. Die Egozentrik sagt: Bei allem, was ich erlebe, bin ich der Mittelpunkt.

Über die Richtigkeit von Egoismus kann man diskutieren. Über die Egozentrik nicht. Wenn du sie dir noch einmal neu und unvoreingenommen ansiehst, sagt das Wort die Wahrheit. In deinem Leben gibt es keinen anderen Mittelpunkt als dich. Selbst wenn du dich um hundert Menschen kümmern musst, bist du dabei dein Mittelpunkt. Selbst wenn du Aufgaben hast, die nur anderen dienen, bist du dabei dein Mittelpunkt. Sogar wenn du einen anderen voll und ganz verstehen willst, wirst du bei diesem Vorgang dein Mittelpunkt sein.

Also nimm es gleich so an. Du wirst immer der Mittelpunkt in deinem Leben sein. Und nichts anderes bedeutet »egozentrisch«. In sich selbst zentriert.

Also sei egozentrisch. Sei in dir selbst zentriert. Dann bist du klar und mutig. Es mag sein, dass andere dich als schwierig ansehen, aber das tun sie nur, weil du weniger das machst, was sie wollen, und mehr das, was du für richtig empfindest. Weil du tief in dir erkannt hast, dass du immer bei dir selbst bist.

 Erinnere dich:

Das Zentrum deiner Kraft ist in deiner eigenen Mitte.

 Frage dich:

»Wie kann ich noch mehr mein eigener Mittelpunkt werden und gleichzeitig achtsam mit dem Leben umgehen?«

Wenn dich jemand nicht in Ordnung findet, liegt es vielleicht nur daran, dass er dich und deine Ordnung nicht erkennt.

Das Wesen von Beziehungen erkennen

Das Wesen von Beziehung ist, dass einer vom anderen etwas will. Das Wesen von Liebe ist, dass keiner vom anderen etwas will. Das Wesen einer Liebesbeziehung ist, dass zwei Menschen versuchen, beides miteinander zu vereinen. Und Beziehungsdrama entsteht, wenn sie zwischen beiden Zuständen hin und her pendeln.

Du kannst den Teil, den man Beziehung nennt, weglassen. Suche nicht die Beziehung mit einem anderen Menschen. Suche die Begegnung. In Wahrheit gibt es keine Beziehung. Es gibt nur eine Aneinanderreihung von Begegnungen. Begegnung ist immer wieder neu. Begegnung ist das reine Jetzt. Es ist kein altes Muster, es setzt nicht etwas fort, das irgendwann zu einer alten Last wird. Wenn man sich begegnet, gibt man dem anderen die Chance, jeden Tag neu gesehen zu werden. Das ist gut, denn es kann sein, dass er seit dem letzten Mal anders geworden ist. Und dann hältst du ihn nicht mit deinen Beziehungserinnerungen im alten Zustand fest.

Die Augen des Jetzt sehen es so: »Wie schön, dass du hier bist, wo auch ich bin. Wie geht es dir heute?« In dieser unschuldigen, aufgeschlossenen Haltung liegt eine große Chance für die Erfahrung von Liebe im Miteinander.

Erinnere dich:
Um gut miteinander zu leben, muss man sich nichts abfordern.

Frage dich:
»Welche Anforderung, die ich an den anderen habe, kann ich heute beenden?«

Sieben Erinnerungen für gute Beziehungen

Wenn das Kennenlernen nach einiger Zeit in Beziehung und Alltag übergeht, scheinen die Liebe und die wundervolle Freiheit der anfänglichen Begegnung zu schwinden. Dann können euch die folgenden Erinnerungen zurück zur Liebe bringen.

1. Falls du gerade auf der Suche bist, suche nicht die Beziehung. Suche die Begegnung. Dann bleibt ihr spielend und unbefangen.
2. Falls du bereits eine Beziehung hast, erinnere dich: In Wahrheit findet immer nur Begegnung im Jetzt statt. Und du entscheidest jeden Tag neu, ob du es möchtest.
3. Keiner erwirbt ein Recht auf dich, nur weil er mit dir zusammen ist. Rechte erwirbt man nur durch beiderseitige Zustimmung und Vereinbarung.
4. Achte auf Druck und Kompliziertheit. Wenn sich eines davon erhöht, greifen die Bindungskräfte auf euch zu.
5. Wenn es sich schlecht anfühlt, kann es nicht Liebe sein. Erinnere dich an das, was sich gut anfühlt, und folge dem.
6. Fordere nichts, was du selbst nicht erfüllst. Und gib nichts, was du nicht von Herzen und ohne Gegenerwartung geben magst.
7. Wenn du eine Abhängigkeit entdeckt hast, höre auf, sie mit dem bekannten Verhalten weiter zu füttern. Dann kommen Freiheit und Liebe zurück.

Erinnere dich:
Liebe ist einfach nur gemeinsam da sein.

Frage dich:
»Was ganz genau fühlt sich nicht gut an?« Und dann verändere es. Jetzt.

**Wenn du dich
nach Liebe sehnst,**

suche nicht die Beziehung mit dem anderen.
Suche die Begegnung mit ihm.
Weil Begegnung immer neu ist und
nichts erreichen will.
So bleibt ihr frei
und seid dennoch zusammen.
Und das ist gelebte Liebe.

Sei du die Veränderung, die du dir wünschst

Manchmal hat man das Gefühl, dass alles zu eng wird, in einer Beziehung oder im Leben. Dass man machtlos ist und nichts verändern kann. Dann kann dir Folgendes helfen: Dein Bewusstsein erlebt deine Realität nicht nur, sondern formt sie gleichzeitig.

Dieses Wissen kannst du nutzen, wenn du der Enge ein Ende setzen möchtest. Falls sich das Größere gerade nicht verändern lässt, so verändere das Kleine. Für dein Bewusstsein geht es um das Erlebnis, dass du positive Veränderungen aktiv herbeiführst. »Ich selbst bin Veränderung!« Dieses Gefühl wirst du in dir tragen und nach außen strahlen.

Mit der einfachen »Zwei-für-eins«-Regel sorgst du dafür, dass du selbst die Veränderung bist: Für jeden neuen Gegenstand, der in deine Wohnung oder in deinen Besitz kommt, lasse zwei andere gehen. Dann wird dein Leben immer leichter. Falls du keine zwei finden kannst, dann gib auf jeden Fall einen weg. Das wäre eine gute Botschaft an deinen Verstand, denn so hat er immer das Gefühl, dass er für Vorankommen und Freiwerden sorgen kann.

Erinnere dich:
Wenn du Veränderung suchst, warte nicht auf fremde Kräfte. Sonst haben diese dein Leben im Griff. Was die Bewegung in deinem Leben betrifft, bist letztlich immer du selbst die Quelle für alles.

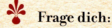 Frage dich:
»Was könnte ich jetzt weggeben, und welche Veränderung lässt sich dabei beobachten?«

Der wirkliche Wert deiner Zeit

Manche Menschen leben, reden, denken und handeln, als wären sie unsterblich. Sie verbringen bedeutende Teile ihrer wertvollen, begrenzten Lebenszeit damit, sich selbst oder anderen das Leben schwer zu machen.

Zum Beispiel, indem sie mit anderen streiten, indem sie in unglücklichen Beziehungen verharren oder indem sie überhaupt Zustände aufrechterhalten, die sich eigentlich längst überlebt haben. Sie lassen es zu, dass innere Negativität ihre Zeit verbraucht.

In Wahrheit bist du nur für eine begrenzte Zeit hier. Wenn du immer wieder zum Ende hinfühlst, spürst du diese Spanne. Und vielleicht kommt dabei ein Gefühl für den besonderen Wert in dir auf, den jeder Augenblick im Hier und Jetzt hat. Vielleicht erkennst du dabei so manches, was du beenden solltest.

Das könnte dich fürs Erste traurig stimmen, doch gleichzeitig geschieht etwas viel Bedeutsameres: Du wirst vollkommen klar. Weil du den besonderen Wert deines Daseins in jeder Zelle spürst.

Das kann alles in dir verändern. Und vielleicht wirst du plötzlich Entscheidungen treffen wollen, die du schon lange gefühlt hast.

Erinnere dich:
Innere Erfüllung findest du, wenn du jeden Moment deiner Lebenszeit für kostbar hältst.

Frage dich:
»Was sollte ich sofort verändern, um nicht wertvolle Lebenszeit mit sinnlosen Dingen zu vergeuden?«

Der Blick auf den oberen Teil deiner Sanduhr macht dir den Wert jedes Körnchens deiner Zeit bewusst. Diese Bewusstheit wird zu Dankbarkeit. Und jede Dankbarkeit wird zu Liebe.

Und daraus wird dann der untere Teil deiner Sanduhr bestehen:

aus in dir angesammelter Dankbarkeit und Liebe.

Eine neue Zeit beginnt in dir

Manchmal wartet man darauf, dass etwas endlich besser wird. Dass eine neue Zeit beginnt. Wenn du genau hinsiehst, was dahintersteckt, erkennst du, was du selbst damit zu tun hast. Eine neue Zeit zeigt sich durch Veränderungen. Und das sind neue Zustände, die sich in Bewegung setzen. Zum größten Teil durch die Menschen selbst.

Womit du bei dir angekommen bist: Die neue Zeit beginnt in dir. Und ein Teil dieses Beginns ist dein Entschluss. Nicht dein Wunsch. Nicht deine Idee. Nicht deine Sehnsucht, dein Beten oder Warten. Die Verantwortung liegt nicht irgendwo da draußen. Dein Entschluss, etwas beginnen zu lassen, und der erste Schritt, der darauf folgt, setzen das Neue in Bewegung.

Die neue Zeit liegt in deiner Hand. Werde zu der neuen Zeit. Dann hat das Warten ein Ende. Und für den Nächsten, dem du begegnest, wärest du dann schon ein Funken vom Licht des Neuen. So setzt es sich in Bewegung.

Vielleicht möchtest du eine Kerze anzünden für dieses Licht in dir selbst.

 Erinnere dich:

Für dich persönlich gibt es keine andere Welt als jene, die du wahrnimmst. Dein Erleben beginnt immer in dir und endet auch in dir. Also beginnt auch jede Veränderung in dir.

 Frage dich:

»Vor welchem Entschluss drücke ich mich schon länger?«

Soweit es dich und dein Leben betrifft, startet jede wirkliche Veränderung mit einem Entschluss von dir. So wie sich eine Kugel in Bewegung setzt, weil du sie anstößt, nimmt etwas Neues seinen Anfang,

weil du es so entscheidest.

Was wirklich etwas verändert

Oft wird gesagt, der Wille könne Berge versetzen. Das ist richtig. Das klingt logisch und einfach. Und ganz sicher ist der Wille entscheidend wichtig. Doch es ist nur ein Teil der ganzen Wahrheit. Falls man nur diesen Teil glaubt, kann es sein, dass sich eine seltsame Überzeugung um das Thema »Ich und mein Wille« bildet.

Es kann ein Ego entstehen mit der Geschichte: »Wenn ich mich darin übe, meinen Willen zu stärken, werde ich eines Tages alles erreichen, was ich möchte.« Oder es bildet sich eine negative Leidensgeschichte: »Ich habe einfach nicht genug Willenskraft, um das zu erreichen. Ich schaffe es nicht. Ich glaube, ich bin zu schwach.« Hier wird der Wille zum höchsten Werkzeug erhoben. Man macht ihn zum Verantwortlichen dafür, ob etwas geschieht oder nicht. Doch das ist nicht sein Platz in der Ordnung der Kräfte.

Der Wille allein genügt nicht. Es gibt etwas, das für Veränderungen wesentlich bedeutsamer ist: deine Entscheidung. Und über der Entscheidung steht noch etwas Wichtigeres: dein Handeln.

Du kannst die ganze Geschichte mit dem Willen einfach weglassen. Triff eine Entscheidung und beginne zu handeln.

 Erinnere dich:

Am Ende wird ein Berg Stein für Stein versetzt – von jenen, welche die Steine anfassen und bewegen. Ob mit oder ohne Willen, ist den Steinen egal.

 Frage dich:

»Welchen Baustein für mein Leben kann ich heute bewegen?«

Den Kräften des Lebens ihre Ordnung geben

In dem Augenblick, in dem du Wünsche und Visionen hast, beginnen sich die Kräfte in dir und die Kräfte, die in deinem Leben wirken, danach auszurichten. Um jedoch greifbare Ergebnisse in dein Leben zu holen, erinnere dich daran, dass Wünsche und Visionen alleine nur am Anfang und nicht am Ende deiner Schöpferkraft stehen.

- Wünsche und Gedanken ohne konkreten Beschluss bleiben an der Schwelle zur Entscheidung stehen.
- Entscheidungen ohne konkrete Schritte bleiben an der Schwelle zur Umsetzung stehen.
- Umsetzungen ohne Konsequenz bleiben an der Schwelle zur Integrität stehen.
- Und am Ende kommt die Dankbarkeit. Eingetroffene Wünsche ohne Dankbarkeit verlieren ihre wundervolle Kraft.

Mache diese Kräfte deines Lebens zu deinen Freunden. Gib ihnen den richtigen Platz. Dann formt sich das Ergebnis wie von selbst. Es könnte ein wenig anders aussehen, als du dachtest. Aber es wird besser zu dir passen, als du dir vielleicht vorgestellt hast.

 Erinnere dich:

Der Wunsch ist der Funke. Der Gedanke erzeugt die konkrete Vision. Und das Handeln setzt die Verwirklichung des Plans in Bewegung.

 Frage dich:

»Wo suche ich nach etwas, ohne das Ziel ganz genau und klar benennen zu können?« Und dann formuliere Wunsch, Entscheidung und Umsetzungsweg Schritt für Schritt.

Manchmal glaubst
du vielleicht,
da wäre ein Problem.

Dabei folgt in Wahrheit
nur alles seiner Ordnung.
Und ein paar Gedanken
folgen der Idee, es müsste
anders sein.

Elf Regeln für ein Leben im Gleichgewicht

Manchmal fühlt man sich zwischen Anforderungen, Aufgaben oder Vorstellungen hin und her gerissen. Dann können dir folgende Vorschläge den Weg in deine Mitte zeigen:

1. Sei du selbst und integer. Immer und überall.
2. Lasse los, wo immer es geht. Besonders, wenn etwas oder jemand dich für ein Spiel benutzt.
3. Behindere nicht das Leben. Nicht dein eigenes und nicht das von anderen.
4. Suche die Wahrheit als höchstes Gut. Und sei selbst die Wahrheit, die du gefunden hast.
5. Halte dich aus Beziehungen heraus, die nicht deine eigenen sind.
6. Nicht-Einmischung ist ein höherer Zustand als ungebetene Einmischung. Akute Hilfe ist davon ausgenommen.
7. Beobachte, wo sich ein Problem-Ich bilden will. Und lasse es nicht zu.
8. Erinnere dich, dass du hier nur kurz zu Gast bist.
9. Sieh das Verborgene in dir selbst an. Nur so kann es ans Licht kommen.
10. Laufe niemandem hinterher. Hinterherlaufen erzeugt Ungleichgewicht, weil es die Freiwilligkeit stört. Manipulieren, Überzeugen und Verändern-Wollen ebenfalls.
11. Göttliche Gesetze sind höher als Menschenregeln. Achte beide, aber im Zweifel folge dem Gesetz deines Herzens.

Erinnere dich:
Immer dir selbst zu folgen ist wertvoller, als anderen zu folgen.

Frage dich:
»Wo könnte ich noch mehr ich selbst sein?«

In dem Augenblick, in dem du deine Anforderungen an andere und an dich selbst loslässt,

zieht Liebe ein.

50

Warum du hier bist

Besonders wenn das Leben gerade anstrengend ist, fragst du dich vielleicht manchmal: »Warum hat eine höhere Kraft meine Seele in dieses Leben gesetzt, wenn ich nun diese ganze Mühe oder jenes Leid erleben muss? Warum hat diese Kraft es nicht einfach nur für alle schön gemacht?«

Das wirst du dich so lange fragen, wie du dich von dieser Schöpfungskraft als getrennt wahrnimmst. Doch das bist du nicht. Du selbst bist das alles. Das Leid ebenso wie die Freude. Die Liebe ebenso wie die Einsamkeit. Du bist die Sehnsucht, die dich vorantreibt, und dein Leben bringt die Antworten auf diese Sehnsucht. Und dieses Leben – das bist ebenfalls du.

Du bist ein Tropfen aus Bewusstsein, der ein Meer aus Bewusstsein durchschwimmt, um zu erforschen, woraus es besteht. Um sich selbst zu erforschen.

Und in dem Moment, in dem der Tropfen erkennt, dass er ganz und gar aus demselben beschaffen ist wie das Meer, kann er die Idee, er wäre ein einsamer Tropfen, nicht mehr aufrechterhalten. Dann wird er zum Meer.

 Erinnere dich:
Du bist nicht von allem da draußen getrennt.
Du vereinst all das in dir.

 Frage dich:
» Wie verändert mich das? Und was mache ich am Ende aus dieser Erfahrung?«

51

Spirituell wird ein Wissen, wenn
die Idee von Getrenntheit verschwindet.
Denn dann erkennst du plötzlich

den Sinn in allem.

Erkenne, wer du wirklich bist

Erinnere dich an eine Situation, in der dir aufgefallen ist, dass deine Gedanken sich im Kreis drehen. »Diese ewig gleichen Gedanken ... Ich will, dass sie aufhören.« Dieser Moment war wie ein kurzes Aufwachen, denn dir wurden zwei grundlegende Dinge klar:

1. Die Gedanken denken oft, was sie wollen. Nicht, was du willst.

2. Du kannst die Gedanken beobachten. Also »bist« du nicht die Gedanken. Du bist der beobachtende Teil.

Dies zu erkennen ist eine erste Erleuchtungserfahrung.

 Frage dich:

»Bin« ich diese Gedanken? Oder laufen die Gedanken nur in meinem Kopf ab?
»Bin« ich dieser Körper? Oder bewohne ich diesen Körper?
»Bin« ich diese Gefühle und Emotionen? Oder erlebe ich sie nur?
»Bin« ich diese Beziehung? Oder findet die Beziehung einfach nur statt, und ich erlebe sie?
»Bin« ich diese Angst? Oder zieht die Angst nur gerade durch mein Fenster von Wahrnehmung?

Und falls du feststellst: »Tatsächlich bin ich das alles nicht, ich erlebe es nur«, dann frage dich: »Was bin ich jenseits all dieser kommenden und gehenden menschlichen Erfahrungen?«

 Erinnere dich:

In Wahrheit bist du das, was dies alles erlebt. Seele.

Oh, diese Gefühle! Oh, jene Gedanken!
Solange du glaubst, das zu sein,
wirst du ihnen hinterherjagen
oder vor ihnen fortlaufen.
Die Wahrheit ist: Du bist das nicht.
Du erlebst es nur in diesem Moment.

Wenn du das verinnerlicht hast, bist du frei.

Irgendwann wirst du die eine große
Wahrheit deines Lebens erkennen:

Was du wirklich suchtest,
warst die ganze Zeit
   du selbst.

Inhalt

Dein Weg

1. Über das Selbstvertrauen
2. Den Weg der Einfachheit entdecken
3. Wie du das Glück doch üben kannst
4. Die Ausstattung für deinen Weg
5. Geben, was man erwartet
6. Was Liebe und Glück voneinander unterscheidet
7. Den Weg spüren
8. Wie du den fragst, für den du es machst
9. Die wahre Beschaffenheit einer Grenze
10. Der Schatz am Ende des Regenbogens

Loslassen und das Neue willkommen heißen

11. Das Thema »Verlust« neu sehen lernen
12. Die Ereignisse von gestern
13. Fünfzehn Dinge, die du loslassen könntest
14. Die besondere Kraft im Vergeben
15. Den Punkt von »genug« erkennen
16. Unerwünschte Wiederholungen beenden
17. Das Neue sichtbar begrüßen
18. Finden, was noch fehlt
19. Was kannst du heute loslassen?

Deine Gedanken erschaffen die Welt

20. Deine Gedanken und das, was du wirklich bist
21. Die verlorene Unschuld von Worten
22. Negative Überzeugungen erkennen und entkräften
23. Deine Entscheidung für Freiwilligkeit
24. Die Geschichte, es gäbe Fehler, durchschauen

Du und die anderen

31 Über Beziehung und Liebe
32 Das Wesen von Einsamkeit und Alleinsein
33 Der Weg zu sich selbst in Beziehungen
34 Klarheit – das Lebenselixier für die Liebe
35 Selbst der Leuchtturm sein
36 Fürsorge richtig verstehen
37 Die Wirkung des Lichts in dir
38 Warum Teilen zu Liebe führt
39 Die große Chance von Freiwilligem Verzicht

25 Über die Illusion, mehr Mut zu brauchen
26 Das Denken und das Herz verbinden
27 Gehört dem Fisch das Meer?
28 Dieser Moment und deine Wahl
29 Die Kraft von Entscheidungen nutzen
30 Zehn Bekenntnisse für Kraft und Selbstliebe

Veränderungen in der Zeit

44 Sei du die Veränderung, die du dir wünschst
45 Den Vorgang von Wachstum akzeptieren lernen
46 Der wirkliche Wert deiner Zeit
47 Eine neue Zeit beginnt in dir
48 Was wirklich etwas verändert
49 Den Kräften des Lebens ihre Ordnung geben
50 Elf Regeln für ein Leben im Gleichgewicht
51 Warum du hier bist
52 Erkenne, wer du wirklich bist

40 Der Wert der Würde
41 Zum eigenen Mittelpunkt werden
42 Das Wesen von Beziehungen erkennen
43 Sieben Erinnerungen für gute Beziehungen

Bildnachweis:

Corbis Images, Düsseldorf: 24 (Jeff Vanuga), 28 (Tetra Images), 31 (Inspirestock), 36 (Zack Seckler); Getty Images, München: 2 (kyoshino), 5 (Ania Blazejewska), 8 (Toby Williams), 10 (fotostorm), 12 (Ray Laskowitz), 13 (Buena Vista Images), 15 (Hoang Giang Hai), 17 (Erich Kuchling), 20 (PhotoVic), 21 (Ryan Lane), 22 (Kimberley Coole), 23 (4FR), 26 (Lisa Ratcliffe), 29 (Design Pics/ Arlene Bax), 32 (haydenbird), 33 (Michele Berti), 39 (Hayley Johnson Photography), 44 (Martin Moos), 53 (Yameme Photography); iStockphoto.com: 35 (TomasRebro), 47 (mthaler); Mauritius Images, Mittenwald: 37 (age); Photocase.com: 6 (MauMyHaTa), 11 (manun), 18 (marshi), 27 (sipaphoto), 40 (ad Rian), 49 (matlen), 51 (VNZ); Plainpicture, Hamburg: 1 (Gallery Stock), 3 (Christine Höfelmeyer), 4 (Naturbild), 7, 16 (Aurora Photos), 19 (Robert Harding), 25, 30 (S!TOCK4B), 34 (Christoph Eberle), 41 (Cultura), 42, 43 (Ingrid Michel), 45 (amanaimages), 46 (Johner), 50 (Joern Rynio), 52 (KuS); Shutterstock.com: 9 (iofoto), 14 (Irafael), 38 (Daniel Schweinert), 48 (Pascal Rateau)

Verlagsgruppe Random House FSC® N001967

1. Auflage
Originalausgabe
© 2014 arkana, München
in der Verlagsgruppe Random House GmbH
Lektorat: Daniela Weise
Bildredaktion: Henrike Schechter
Layout: ki 36, Editorial Design, Sabine Krohberger
Satz und Reproduktion: Lorenz & Zeller, Inning
Umschlaggestaltung: Uno Werbeagentur, München
Umschlagmotiv: FinePic®, München
Manufactured in China by Imago
Printed in China
978-3-442-34154-2

www.arkana-verlag.de

Ruediger Schache
im Goldmann Taschenbuch

Der geheime Plan Ihres Lebens
Woher, wohin, warum?
268 Seiten, ISBN 978-3-442-21941-4

Der Herzberater
So holen Sie Liebe und Erfüllung in Ihr Leben
160 Seiten, ISBN 978-3-442-17341-9

Das Gottgeheimnis
Die Reise Ihrer Seele durch die Schöpfung
272 Seiten, ISBN 978-3-442-21965-0

Die 7 Schleier vor der Wahrheit
So befreien Sie sich von alten Mustern, Ängsten und Selbsttäuschung
208 Seiten, ISBN 978-3-442-17238-2

Das Geheimnis des Herzmagneten
208 Seiten, ISBN 978-3-442-17135-4